AF314082

ADRESSE

A SON EXCELLENCE

LE COMTE DE MONTALIVET,

MINISTRE DE L'INTÉRIEUR,

Monseigneur,

Comme je pense avoir porté jusqu'à l'évidence la preuve que la saignée est toujours pernicieuse, et que cette matière est du plus haut intérêt social, j'ai cru trouver dans cette double considération un motif suffisant pour mettre sous les yeux de Votre Excellence, un sommaire de cette question.

Le Jury des Prix Décennaux a gardé le silence sur mon *Traité contre la Saignée* (1).

Le 29 du mois dernier, la doctrine que j'ai exposée dans cet écrit a été combattue dans le *Journal de l'Empire*, par une lettre dans laquelle M. Gastellier s'élève contre le compte qu'on y a rendu de mon Traité, bien que l'usage de ce Journal ne soit point d'imprimer les réfutations des articles de ses rédacteurs.

Le 30 octobre, j'ai répondu à M. Gastellier;

______

(1) Chez H. Nicolle, rue de Seine, n°. 12.

j'ai porté ma lettre au rédacteur en chef du *Journal de l'Empire* , qui a refusé de l'y insérer.

J'ai réitéré ma demande au rédacteur en chef du *Journal de l'Empire*, par une lettre que je lui ai adressée le 5 courant : démarche tout aussi infructueuse.

Ce Journal n'a pas rendu compte non plus de la réclamation que j'ai publiée contre le silence du jury.

Je remarque de plus que le Gazetier de France a imprimé le 15 août dernier, que je n'*agite jamais que des questions évidemment fausses;* que le 15 septembre suivant , il a fabriqué une lettre complettement ridicule, et qu'il a publié que j'en étois l'auteur.

Le *Mercure de France* du 20 octobre dernier, m'a comparé à l'imbécille du Pyrée.

Je dois noter encore que la *Gazette de France* et le *Mercure de France* n'ont rendu compte d'aucun des cinq écrits que j'ai publiés contre la saignée , et que le *Moniteur* n'a fait connoître que mes vues sur le caractère et le traitement de l'apoplexie , publiées en 1807.

Je raconte là quelques obstacles qui ont été opposés à la propagation de mes écrits ; mais le plus inattendu m'est venu du *Journal de l'Empire*. Il me sembloit que ma doctrine ayant été combattue dans ce journal, on devoit me permettre de l'y défendre.

La classe des Sciences Physiques de l'Institut m'ayant également passé sous silence, me voilà renvoyé à une époque trop reculée pour que je doive espérer d'y parvenir. Toutefois j'espère. Il me seroit trop pénible de renoncer à la magnifique récompense promise à nos efforts; et ce n'est pas trop de dix années de travaux pour la mériter.

Le redacteur en chef du *Journal de l'Empire* m'auroit, j'ose le dire, provoqué lui-même à développer ma doctrine dans ce journal, s'il avoit songé qu'il est telle chance, dont le ciel puisse à jamais nous préserver, qui peut faire que de l'éclaircissement de la question dont je m'occupe, dépendent les destinées du monde.

Les partisans de la saignée ne s'apperçoivent pas assez, ce me semble, qu'ils ont dans cette cause deux puissants adversaires. L'un est le Gouvernement et l'autre le Public.

S'il y a ici une découverte, le Gouvernement veut la connoître pour en faire part au Public; et le Public veut la connoître pour en jouir; car il est vrai de dire qu'il n'y a pas sur la surface de la terre un seul individu qui n'ait intérêt à l'éclaircissement de cette question.

En réfutant les objections qu'on a faites à ma doctrine, je montrerai qu'elle renferme une découverte.

Il y a près de quatre années que j'ai porté la question de la saignée au tribunal de la société. Nul de mes confrères ne m'y a suivi, bien que j'aye hautement exprimé mon vœu de les voir sanctionner de leur suffrage mes idées ou m'éclairer des leurs. Enfin, le 29 octobre 1810, M. Gastellier s'est présenté; et si l'on ne trouvoit point sa critique victorieuse, on ne sauroit manifestement en accuser la précipitation de l'écrivain, mais la foiblesse de la cause qu'il s'est chargé de défendre.

On ne peut méconnoître qu'un des principaux objets de la lettre de M. Gastellier ne soit de bien inculquer dans l'esprit des lecteurs du *Journal de l'Empire*, que je ne suis point le premier qui ait condamné la saignée, puisqu'il reproduit cette assertion dans sa lettre jusqu'à cinq fois.

Pourtant, il n'est pas bien, ce me semble, de me faire un pareil reproche le 29 octobre 1810, lorsque le 24 octobre 1808, j'ai publié moi-même ce qui suit : « Il n'est pas moins vrai cependant « que le joug de ce formidable remède (la saignée) « pèse sur les hommes à-peu-près depuis qu'on le

« leur a imposé. Aujourd'hui on le porte sans
« réclamation ; mais de temps à autre on a fait
« quelques tentatives pour le secouer ; et il sem-
« ble que ce procès recommencé plusieurs fois
« contre la saignée et toujours perdu , soit jugé
« sans appel ; mais on ne prescrit point contre
« la vérité. » (Voy. *Traité contre la Saignée.*
Préf. pag. vij.)

Mais, dit M. Gastellier , je n'ai *point lu* votre
ouvrage. — Quoi ! est-il croyable que vous atta-
quiez avec cet éclat mon ouvrage , et que vous
ne l'ayez point lu ? Et n'est-ce pas là un artifice
que vous employez pour pouvoir m'imputer ce
que je n'ai point pensé sans encourir le reproche
de manquer à la vérité ? Toutefois j'exprime là un
doute auquel je ne peux m'arrêter, et ce que
dit M. Gastellier est vrai ; mais il en résulte
nécessairement qu'il a fait une faute contre le
bon sens qui défend d'attaquer un livre sans l'a-
voir lu.

Quoi qu'il en soit de l'opinion qu'on a eue autrefois à cet égard , et dont on voit que je suis le
premier à convenir , il n'est pas moins vrai que
la saignée n'a jamais succombé aux attaques qu'on
a dirigées contr'elle , et que l'opinion qui la proscrit a été rangée dans la classe des mille et un
systêmes qui se sont tour-à-tour succédés dans

l'art de guérir. Cela est si vrai, qu'aujourd'hui il est de notoriété publique que d'un bout de l'Europe à l'autre, on croit à l'existence des maladies inflammatoires, et qu'on regarde la saignée comme le remède de ces maladies.

Si je montre donc qu'il n'y a point de maladies inflammatoires et que la saignée est toujours pernicieuse, on ne peut disconvenir que je n'apprenne à mes contemporains ce qu'ils ignorent. La découverte d'une vérité, a dit Laharpe, appartient à celui qui la prouve. A l'appui de l'assertion de ce juste appréciateur des choses humaines, on doit considérer qu'une vérité ne devient usuelle que lorsqu'on y croit; car à quoi sert aux hommes une vérité qui ne se présente à eux que sous les déhors du mensonge? la vérité a beau toujours exister, car elle est immuable, elle est nulle pour eux, tant qu'ils la méconnoissent. La prouver, c'est donc la découvrir.

Bien que je n'aie donc pas dit qu'avant moi personne n'avoit proscrit la saignée, comme néanmoins j'ai présenté un corps de doctrine qui n'appartient qu'à moi, et qui démontre que la saignée est toujours pernicieuse, je crois pouvoir dire avec vérité que j'ai publié une découverte.

Mais il ne suffit pas aux vues de mes adversaires de répéter souvent aux lecteurs du *Journal de l'Empire*, que je ne suis pas le premier qui ait condamné la saignée ; il faut encore leur inculquer dans l'esprit que mon opinion est fausse. Et combien de fois répète-t-on cette assertion dans le cours de la lettre ? cinq fois encore.

Toutefois, en confirmation de tant de passages dans lesquels il assure que ma doctrine est fausse, M. Gastellier produit-il quelques argumens qui la combattent ? Il n'en produit qu'un qui sera discuté ci-après. Articule-t-il du moins quelques faits qui annoncent la bonté de la sienne ? présente-t-il un seul cas dans lequel on ait vu une maladie grave guérir uniquement par l'administration de la saignée ? car voilà le défi que j'ai porté à mes adversaires dans mes écrits ; (Voyez *Essais de médecine contre l'usage de la saignée*, p. 124.) Et ils ne l'ont point accepté. Nul ne raconte l'histoire d'une maladie grave qui ait cédé à la seule administration des saignées ; et si l'impuissance à laquelle leur silence montre qu'ils sont réduits à cet égard, manifeste la probité de mes confrères, incapables d'inventer ce qu'ils n'ont point vu, elle atteste en même temps l'erreur que renferme leur doctrine.

Mais si M. Gastellier n'a pas plus accepté que les autres, le défi que j'ai fait, il ne laisse pas de me défier à son tour, sans en produire aucun lui-même, de montrer un cas d'hémorragie grave que l'on ait guerie autrement que par l'administration des saignées. Le défi est formel, et je n'ai pas l'intention de l'éluder. Voici ma réponse : Astruc suivoit dans le traitement de l'hémorragie la méthode que recommande M. Gastellier ; il employoit des saignées abondantes et réitérées, et portoit un pronostic fâcheux, parce que la mort étoit la suite ordinaire de son traitement. (1)

Nous différons, Astruc et moi, en ce que c'est à la violence de la maladie qu'il attribuoit la mort, et que je l'attribue à la violence du traitement.

M. Gastellier répondra également : J'ai dit moi - même que ces cas sont graves, et qu'il y a du danger à retarder le secours ; ensorte que si la mort survient, ce n'est point parce qu'on a saigné, mais parce qu'on a saigné trop tard. — Telle est, depuis Galien, l'éternelle excuse des partisans de la saignée. L'on voit là

____

(1) Voy. *Traité des Maladies des Femmes*, par J. Astruc, Paris 1761, tom. 2, pag. 117, 118 et 109.

une de ces subtilités péripatéticiennes dont il a infecté la médecine, et dont il seroit bien tems de la purger. Ce qui montre que cette excuse est fausse, c'est qu'on ne peut la prouver : défaut inséparable de toutes les visions systématiques. Comme elles n'ont d'existence que dans l'imagination des hommes, elles ne sont pas susceptibles de preuves. Il n'en est pas de même de la doctrine que je soutiens, dont on verra la confirmation dans les observations suivantes, qui apprennent que l'hémorragie combattue par la saignée et les évacuans s'est prolongée, mais qu'elle a été guérie, et que lorsqu'on n'a administré que l'émétique, elle a cédé très-promptement. « Un » jeune cocher, dit Plenciz, âgé de 26 ans, marié » depuis peu, eut, pendant l'été, excessivement » chaud de 1774, une hémoptysie si abondante, » qu'il perdit pendant le premier jour plus de » trois livres d'un sang vermeil. Je trouve au » malade une grande chaleur, de la soif, dou- » leur de poitrine, et le pouls prompt et serré. » Pour moi, ne connoissant alors d'autres re- » mèdes à l'hémoptysie que ceux qu'enseigne l'é- » cole de de Haën, je saigne et je resaigne le ma- » lade ; lui, crache et recrache le sang ; j'appli- » que les sangsues et les médicamens les plus » astringens, mais tout fut inutile ; enfin le neu-

» vième jour la nature plus prudente que moi,
» provoque un abondant vomissement de ma-
» tière bilieuse très-érugineuse, et l'hémoptysie
» cesse sans qu'elle ait été suivie de la phthisie,
» qu'une plaie ouverte dans la poitrine pendant
» neuf jours m'avoit fait juger inévitable ».

« Un homme plus que sexagénaire, dit le
» même auteur, adonné à une vie sédentaire,
» et fatigué depuis plus d'un mois par la toux,
» en éprouva une nuit un violent accès, pendant
» lequel il rendit plus d'une livre d'un sang écu-
» meux et couleur d'écarlate. On m'appelle pen-
» dant la nuit, et je trouve au malade une cha-
» leur excessive, de l'anxiété, le pouls prompt,
» fort et plein. Je fais à l'instant une large sai-
« gnée du pied, et ma surprise fut extrême
» quand je vis le malade tomber dans le délire
» pendant la saignée, qui fut de seize onces, et
» devenir furieux quand elle fut finie. Tandis
» que nous nous occupons à calmer la frénésie,
» il tombe en syncope, vomit une abondante
» quantité de pituite, et recouvre la présence
» d'esprit. J'avois bien vu l'indication d'évacuer,
» mais n'osant pas encore recourir à l'émétique,
» je prescris un purgatif composé de tamarin,
» de séné, de méchocana et d'*arcanum duplica-*
» *tum* (sulphate de potasse) : l'effet de ce mé-

» dicament fut de guérir en huit jours non seu-
» lement l'hémoptysie , mais encore la toux qui
» importunoit le malade depuis si long-tems ».
(Voy. *Josephi de Plenciz acta et observata me-*
dica Pragæ et Viennæ , 1783 , pag. 57 et 58).

« Je me rappelle avec plaisir , dit Stoll, qu'un
» jeune musulman qui s'étoit converti à la re-
» ligion chrétienne fut atteint tout-à-la-fois d'une
» fièvre bilieuse, et d'un crachement considérable
» de sang. Ayant ordonné l'émétique au malade ,
» bien que le sang qu'il crachoit vînt des pou-
» mons , et ayant ajouté qu'il falloit le donner à
» l'instant , les assistans me crurent dans le dé-
» lire. Ils attendoient patiemment et en silence
» quelle seroit l'issue de cette ordonnance , bien
» convaincus que le malade ne pouvoit manquer
» de rendre l'ame avec la bile. Mais , à leur
» grande surprise , le malade vomit une grande
» quantité de bile très-épaisse , et ne vomit pas
» une goutte de sang, et la fièvre disparut ».
(Voy. *Stoll. Ratio medendi* , *part.* 2. p. 78.
lugd. bat.).

Mais , dira M. Gastellier , c'est un cas rare,
et l'on n'administreroit pas souvent l'émétique en
pareille circonstance avec le même succès. Voici
ce que Stoll ajoute immédiatement après avoir rap-
porté l'histoire qu'on vient de lire : « Cette obser-

» vation ayant été ensuite répétée souvent, cessa
» d'inspirer de la surprise ». *Vulgatior postmo-
dum observatio admiratione carebat.*

Quant à l'expérience consommée du médecin
que je cite ici, elle n'est point contestée ; que s'il
restoit néanmoins quelques doutes sur le mérite
éminent de ce grand praticien , ils cesseront , je
pense, quand on saura que notre illustre Ar-
chiatre a consacré à traduire les aphorismes de
Stoll, la même plume dont il a enrichi l'art d'ou-
vrages aussi nombreux qu'importans.

A présent, si l'on songe que ces observations
sont consignées depuis plusieurs années dans
mes écrits , on aura lieu d'être surpris de l'assu-
rance avec laquelle M. Gastellier me défie de lui
montrer un cas d'hémorragie dont on ait triom-
phé autrement que par les saignées ; et l'on sent
que lorsqu'on met de pareilles assertions sous les
yeux du public , il n'est pas mal de s'être assuré
d'avance qu'on ne sera point contredit dans le
lieu même où on les publie. Mais , non ; M. Gastellier n'a point pris cette précaution , et j'oublie
qu'il déclare n'avoir *point lu* mon *ouvrage* ; et
j'aurois dû m'en souvenir ; car en vérité c'est
une circonstance bien mémorable dans cette
discussion. Il faut espérer que l'exemple que

donne ici M. Gastellier restera sans imitateurs. Il seroit en effet trop commode d'imputer à un auteur tout ce qui nous passe par la tête, et de répondre pour toute excuse qu'on n'a *point lu* son *ouvrage*.

Pourquoi Stoll qui avoit connu, comme on voit, le vrai traitement de l'hémoptysie , a-t-il néanmoins consigné dans ses écrits la doctrine relative aux hémoptysies inflammatoires ? L'empire d'un usage universel avoit subjugué la croyance de ce grand homme , bien que les faits dont il avoit été lui-même le témoin fussent propres à la détruire ; et il est probable que s'il eût vécu plus long-tems, il auroit tiré de ses observations les conséquences qui en découlent naturellement, et qu'il auroit vu que la même maladie ne pouvant être produite par deux causes diamétralement opposées , le bon sens ordonne de s'en tenir à celle qui est visible , palpable et constatée par les faits , et de rejeter celle qui est mystérieuse et qui se refuse à toute démonstration ; et Stoll auroit ainsi fait faire à l'art de guérir le pas que je lui fais faire aujourd'hui , qui paroît grand et qui étonne , bien que la vérité que je proclame soit, j'oserois presque dire, niaise, à force d'être évidente.

Ceux qui seront surpris que je proscrive la saignée du traitement de l'hémorragie, cesseront de l'être s'ils considèrent qu'une hémorragie est perte de sang et chûte de forces, et que la saignée est aussi perte de sang et chûte de forces, c'est-à-dire que lorsqu'on saigne pour combattre l'hémorragie, on porte au patient autant de préjudice que lui en porte la maladie.

Il y a péril, dites-vous, à différer le secours.— Cet aveu prouve que vous ne niez point que ce cas n'offre un grand danger. Mais où est-il ? Selon vous, il est dans la maladie ; et selon moi, dans le traitement : et mon opinion est prouvée par l'expérience, qui atteste, ainsi qu'on l'a vu plus haut, que l'hémorragie est ordinairement mortelle lorsqu'on ne la combat que par les saignées, et qu'elle cède promptement à l'émétique.

On voit néanmoins de jeunes sujets , car ce n'est guère qu'à eux qu'on prodigue de larges et fréquentes saignées, résister quelquefois et à l'hémorragie et aux saignées, bien qu'on ne fasse évidemment alors qu'ajouter une hémorragie à une hémorragie, c'est-à-dire renforcer la maladie. Mais dans ces cas, peut-on dire que les malades doivent leur conservation aux saignées ? Un homme se noie et vous tend les bras :

vous croyez le secourir et vous l'enfoncez davan-
tage dans l'eau. Si à force de s'y débattre, il vient
à bout de surnager, faudra-t-il attribuer son salut
au coup de pied qu'il a reçu de vous ? Voilà la
saignée. C'est un coup de pied très-brutal aveu-
glément donné, non pas à la maladie, mais au
malade : et il est évidemment impossible qu'une
opération aussi violente l'affranchisse d'aucun
danger, puisqu'elle porte avec elle-même le plus
grand de tous les dangers.

J'avouerai cependant que si je n'avois eu à
l'appui de ma doctrine que des faits, quelques
nombreux et bien constatés qu'ils soient, je
n'aurois point porté cette question au tribunal
de la société, attendu que ceux qui sont étran-
gers à la médecine, et qui ne savent pas tout
ce qui est dû de vénération aux autorités dont
je m'appuye, auroient eu quelque peine peut-
être à partager la confiance qu'elles m'inspirent.
Mais la cause que je défends a cet avantage
inappréciable et qu'elle ne partage avec aucune
de celles qui ont jusqu'ici occupé l'esprit humain,
que les faits qui, loin de la contredire, la dé-
montrent, sont néanmoins inutiles pour l'établir.
Je n'ai pas besoin de faire intervenir la dépo-
sition des hommes pour prouver que deux et

deux font quatre. Je m'adresse directement à l'entendement, et la preuve de mon assertion est dans son seul énoncé. Tel est le privilège de l'évidence ; elle se sent et ne se prouve pas. Tel est aussi, je ne crains pas de le dire, celui de la cause que je soutiens, et qui s'établit en deux mots : J'affirme que *le sang est le principe de la vie*, et que *la saignée attaque le principe de la vie*.

Voilà un traité complet contre la saignée, et que je crois pouvoir présenter avec confiance à toutes les sociétés savantes de l'Europe, comme étant inattaquable, parce que les deux propositions qui le composent ont l'évidence même pour garantie.

Mais, direz-vous, quand le sang est surabondant ou enflammé, il faut bien le verser. — D'abord, est-il aussi clair pour vous que le sang est surabondant ou enflammé, qu'il est clair pour vous que le sang est le principe de la vie ? Vous ne sauriez le dire, et ne pouvez disconvenir que l'instinct naturel, la raison elle-même ne vous enseignent cette dernière assertion, et que les deux autres ne soient une invention systématique des hommes, laquelle ne présente aucune idée nette à votre esprit.

Après cela , considérez que personne n'ayant encore pû déterminer quelle est la quantité de sang que renferme l'économie animale , personne ne peut conséquemment savoir s'il y est en excès. Je crois que cela est sans réplique.

Quant au sang enflammé , je vous demanderai comment vous pouvez savoir si le sang qui est dans les vaisseaux est enflammé , puisque les nombreuses enveloppes , sous lesquelles la nature le protège contre les accidens, le dérobent à notre vue ? Et si vous n'avez jamais vu le sang vivant ; si vous ne pouvez voir le sang vivant ; si lorsque vous le voyez il est mort , je vous demanderai comment vous pouvez savoir si le sang vivant est enflammé , et ce que c'est même qu'un sang enflammé ? A mon avis , cela est encore sans réplique.

Il est donc démontré que les deux seuls motifs que vous alléguez pour verser le sang humain sont déraisonnables ; et j'avoue que je ne vois pas comment une démonstration mathématique seroit plus rigoureuse.

« M. Gay, dit M. Gastellier , élève la voix » dans un moment où l'on ne saigne presque plus. » Il prêche des convertis. » —Tous les médecins, sans en excepter M. Gastellier , croient à l'existence des maladies inflammatoires. Les maladies inflammatoires composent la moitié de celles qui existent ; donc tous les médecins ordonnent la saignée dans la moitié des maladies. Cela me paroît sans réplique.

M. Gastellier fait un grand éloge d'Hippocrate.—Avant la rénovation de la philosophie, on juroit aussi par Aristote. Les médecins et les philosophes judicieux ne jurent ni par Hippocrate ni par Aristote, mais par la raison et par l'expérience.

J'exprimerai ici le vœu que le gouvernement véuille bien confier, pendant une année, à M. Gastellier ou à tout autre médecin, la conduite d'un hôpital, et à moi la conduite d'un autre pendant le même espace de tems. On admettroit dans les deux hôpitaux le même nombre de malades. Chacun de nous traiteroit les siens selon sa méthode. On tiendroit jour par jour un registre exact des maladies, de leur traitement et de leur terminaison ; et à la fin de l'année, le dépouillement des registres feroit connoître, à n'en point douter ce me semble, non seulement aux médecins, mais encore à tout le monde, quelle est de l'ancienne doctrine ou de la mienne celle qui mérite le plus de confiance.

En appelant au lit du malade M. Gastellier, je ne fais que répondre à sa provocation ; car si j'ai

bien compris les lignes suivantes , elles n'annoncent pas qu'il me croie en état d'y obtenir de grands succès. « Il ne suffit pas, dit-il , d'a-
» voir de l'esprit , d'avoir la science des livres ,
» d'avoir même celle d'en faire dans son cabi-
» net ; il ne suffit pas d'avoir vu beaucoup de
» malades dans les hôpitaux et dans les épidé-
» mies ; il faut encore que la nature nous ait
» réellement doués du génie médical , pour ob-
» tenir ce tact si rare et si précieux qui saisit ,
» qui devine le vrai caractère de la maladie et
» les moyens propres à la combattre. » (Voy. le *Journal de l'Empire* du 29 octobre dernier.)

M. Gastellier m'accorde ici le talent de faire des livres , sans doute celui de faire de bons livres ; car ce ne seroit pas accorder grand'chose que d'avouer que je sais faire de mauvais livres , et il est visible que ce n'est pas là le sens de ce passage , dont la première partie est consacrée à faire passer , à la faveur de l'éloge , la cruelle critique qui le termine , puisqu'en dernier résultat on cherche à faire entendre que je suis un mauvais médecin. Il est donc manifeste que M. Gastellier m'accorde l'art de faire de bons livres , le don de bien écrire. Il m'accorde plus ; il convient encore que j'ai vu beaucoup de malades , et je ne vois pas comment on pourroit le nier , puisqu'il est notoire que j'ai été médecin d'un hôpital et que je me suis trouvé au feu d'une violente épidémie. Mais M. Gastellier ne voit pas qu'en convenant que je possède l'art d'écrire, et que j'ai vu beaucoup de malades, il m'accorde ainsi ce qu'il voudroit me contester. Définissons les termes. Ou M. Gastellier ne s'entend pas très-bien lui-même, ou ce *génie médical* dont il parle n'est pas autre chose que l'art de triompher des maladies? Or, dire d'un médecin qu'il a vu beaucoup de malades et qu'il a du jugement, c'est dire qu'il a su bien observer les phénomènes que présentent les maladies, les comparer entr'eux et en déduire l'instruction qu'ils apportent pour la curation des maladies; en un mot, qu'il possède bien l'art de guérir.

Mais, dira M. Gastellier, je vous accorde l'art de bien écrire, mais je ne vous accorde pas le jugement pour cela. — Cela se peut ; mais Horace me fera cette concession pour vous. Il prononce positivement que le *bon sens est le fondement de l'art de bien écrire* (1). Donc bien écrire, c'est avoir du bon sens.

Il résulte donc incontestablement des aveux de M. Gastellier, que je suis un bon médecin ; et il m'est flatteur de recevoir ce témoignage de lui,

____

(1) *Recte scribendi sapere est principium et fons.*

car il parle de la médecine en homme qui s'y connoît.

Encore un mot sur ce génie médical dont parle M. Gastellier. Je suppose que deux jeunes malades atteints d'hémorragie donnent leur confiance l'un à M. Gastellier et l'autre à moi. M. Gastellier, persuadé qu'il y a beaucoup de danger à retarder les saignées, en administrera à l'instant de larges et de fréquentes; et comme il sait par expérience que l'issue de la maladie qu'il traite ainsi est ordinairement funeste, il se gardera bien, je pense, de garantir le succès de ses soins sur ses honoraires. Moi, au contraire, j'administrerai l'émétique avec une telle confiance, que je ne demanderai pas mieux sinon qu'on tienne un registre exact de mon traitement, et que je consentirai à ne point recevoir d'honoraires si l'issue n'est pas heureuse. Où est ici le génie médical? Est-il dans le médecin qui, tremblant autant que vous sur les suites de son effrayant traitement se refusera à vous en cautionner le succès, ou dans le médecin qui se résigne volontairement à ne retirer aucun salaire de son travail s'il ne le rend pas utile? On sent que ce n'est pas à moi à prononcer; mais je n'en déplore pas moins l'aveuglement des malades qui donnent leur or au médecin pour qu'il les délivre de leur sang, s'expropriant ainsi volontairement, non-seulement sans motif et sans utilité, mais encore avec un grand dommage, des deux choses les plus précieuses de ce monde.

J'ai déjà cité à un autre adversaire le témoignage de Laharpe; et je rappellerai encore ici le souvenir du Quintilien français, monument de la bonté de ma doctrine toujours subsistant, même aujourd'hui que cet illustre écrivain n'est plus et par cela même qu'il n'est plus, attendu que j'ai eu le bonheur de conserver ses jours tant qu'il m'en confia le soin, et qu'il a succombé, plein d'années encore, lorsqu'il s'est livré aux soins du plus ardent antagoniste de ma doctrine.

Les registres domestiques des maladies dont j'ai donné l'idée au public, et qui, s'ils s'établissoient, seroient la sauve garde permanente des jours de chaque individu, préviendroient ou arrêteroient les ravages des épidémies, anéantiroient tous les systêmes de médecine qui pèsent sur l'humanité, et par le tableau journalier et authentique des succès et des revers, mettroient l'homme le moins éclairé à même de connoître de quel côté se trouve la vraie doctrine médicale, en laisseroient la tradition dans les familles, et finiroient par la rendre populaire et domestique, comme telle est sa tendance naturelle, attendu que nos infirmités fréquentes font de ses secours un besoin de tous les momens ; ces registres, dis-je, n'étoient point établis à cette époque, et ne le sont point encore aujourd'hui. Cependant il existe deux sortes de procès verbaux des deux assertions que je viens d'articuler ; l'un est les vers que me fit l'honneur de m'adresser feu M. Hyacinthe de Gaston, dans le *Journal de Paris* du 6 vendémiaire an 10, et qui sont si bien faits, comme ceux de cet aimable poëte, que j'en rapporterai ici quelques-uns, pour faire oublier un moment la sécheresse de cet écrit :

. . . . L'auteur de *Mélanie*
T'avoit vu repousser la pâle maladie,
Qui suspendoit le cours de ses vastes travaux ;
Et déjà s'élançant vers des succès nouveaux,
Toujours infatigable, il fatiguoit l'envie.
Je l'avourai, docteur, dans mon obscurité,
    N'attendant rien de la postérité,
Et mourant tout entier, je tenois à la vie.
Je la dois à tes soins, et si, dans l'avenir,
Je pouvois de mes vers graver le souvenir,
Tu serois immortel par ma reconnoissance. (1)

---

(1) Je dois noter ici que ce n'est pas moi qui ai soigné M. Hyacinthe de Gaston dans la maladie dont il est mort.

L'autre procès-verbal dont je parle est le testament de feu M. de Laharpe, daus lequel il a fait mention des deux médecins entre les mains desquels il est mort, et qui dans le tems a été imprimé dans les papiers publics.

J'oserai consigner ici le vœu que la dispensation de la riche et productive monnoie de la considération littéraire, soit désormais exclusivement confiée au premier corps littéraire de l'Etat. On sent que si ce vœu, exprimé, je crois, autrefois par Voltaire, se réalisoit, il seroit convenable que les écrivains qui s'occupent aujourd'hui de la rédaction des journaux, fissent partie essentielle de cette nouvelle organisation, avec cette condition toutefois que, dans la rédaction de leurs feuilles, ils ne pourroient pas plus s'écarter de l'esprit des décisions que rendroit l'institut, que les greffiers des tribunaux ne peuvent s'écarter, dans la rédaction des jugemens, du prononcé des arrêts.

Dira-t-on que même dans ce nouvel ordre de choses, il y auroit encore quelques méprises dans le refus ou la distribution des encouragemens. — Sans doute ; et les tribunaux civils ne sont pas infaillibles non plus. Mais elles seroient infiniment plus rares , lorsque cette partie des fonctions publiques , seroit soumise à une organisation régulière et légale ; et le bien le plus cher aux hommes , la propriété du fruit de leur pensée , trouveroit du moins dans l'institution d'un Tribunal Littéraire , la même garantie que les Tribunaux civils assurent aux autres propriétés.

Je ne présente ici qu'une rapide ébauche de mon idée. Si mes supérieurs la trouvent utile , ils sauront mieux que moi l'étendre et la perfectionner.

Je professois , Monseigneur , mon admiration pour vos lumières et pour vos vertus , bien avant qu'elles aient été couronnées par le poste éminent auquel elles vous ont porté. Ce sentiment se confond aujourd'hui dans celui de la reconnoissance publique qu'elles vous ont méritée.

Je suis avec respect ,

MONSEIGNEUR ,

Votre très-humble
et très-obéissant
serviteur ,

GAY.

Paris , le 27 Novembre 1810.

Nota. Le Gazetier de France a commis une injustice à mon égard et ne la point réparée. Je suis toujours aux yeux de ses abonnés l'auteur de la lettre ridicule que lui seul a composée. Comme cependant ce Journaliste ne peut ignorer que la considération est indispensable à l'exercice de mes fonctions , je me crois autorisé à le prier de réparer, par une rétractation dans la *Gazette de France* , le tort qu'il m'y a fait.

Même remarque s'applique au *Mercure de France* pour l'outrage public que j'en ai reçu. Toutefois je n'ai auprès de ces deux Journalistes que la voie de la représentation ; mais si elle est sans effet, le tribunal de l'opinion publique est là ; et je ne vois pas , je l'avoue , comment ils pourront échapper à sa censure.

Il est très-possible , assurément , que l'auteur de l'opéra des *Bayadères* , se connoisse mieux que moi en médecine ; mais je ne pense pas que son opinion en eut paru moins solide , quand il lui auroit donné une forme plus polie. L'imbécille du Pyrée ! ce langage est un peu âpre ; M. Thurot , collaborateur de M. Jouy , appelle cela une *grossiéreté.* (Voy. le *Mercure de France* du 20 octobre dernier.)

De l'Imprimerie de Nicolas (Vaucluse) et Boutonet , Rue Neuve-St.-Augustin , N°. 5